DEBUT D'UNE SERIE DE DOCUMENTS EN COULEUR

Couverture inférieure manquante

PAUL PLÉDRAN

ÉTUDE

sur

LA TUNISIE

NANTES

IMPRIMERIE DE PAUL PLÉDRAN

5, QUAI CASSARD, 5.

—

1890

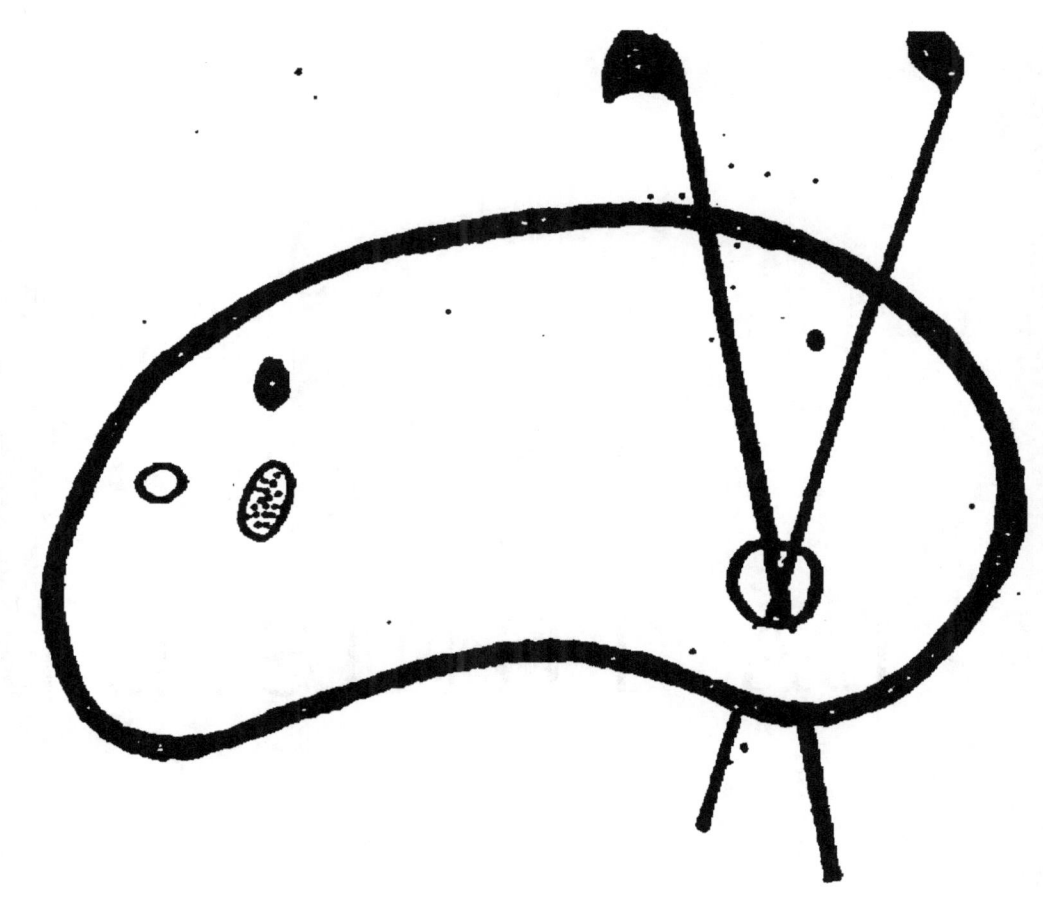

FIN D'UNE SERIE DE DOCUMENTS EN COULEUR

ETUDE

sur

LA TUNISIE

PAUL PLÉDRAN

ÉTUDE

SUR

LA TUNISIE

NANTES

IMPRIMERIE DE PAUL PLÉDRAN

5, QUAI CASSARD, 5.

—

1890

ETUDE
sur
LA TUNISIE

I

Aspect général. — Tunis. — La Khroumirie. — Villes principales. — Quelques monuments religieux.

Il n'est pas sur le globe un coin de terre qui rappelle plus de souvenirs et réunisse plus de sites admirables que la Tunisie. Ce pays, grâce à cela, ainsi qu'aux traités amicaux qui l'unissent à la patrie française, grâce à la personnalité sympathique de son souverain Son Altesse Ali Bey, est un de ceux qui ont le plus fixé l'attention des voyageurs, des géographes et des poètes.

Epris de ses horizons lumineux, de sa

l'honneur de suivre Mahomet à son départ de la Mecque. Il porte sur le cœur un sachet contenant trois poils de la barbe du Prophète.

Puisque nous parlons des monuments religieux de la Tunisie, signalons de suite le tombeau de saint Louis près Tunis. Ce monument sans prétention n'est guère remarquable que par sa situation pittoresque ; mais n'est-ce pas un contraste bizarre que cet édifice de la religion chrétienne sur des rivages où tout respire l'esprit du Coran ; et n'est-ce pas une puissante affirmation de nos sympathies pour cette terre africaine que d'avoir laissé à sa garde, pendant des siècles, les restes de celui qui fut un de nos plus grands rois.

II

Races. — Les Touaregs.

Après ce rapide coup d'œil jeté sur le pays, il ne serait pas sans intérêt d'étudier le caractère des tribus qui le peuplent. L'Islamisme a pris un tel ascendant sur l'esprit de ces peuplades qu'il les a depuis des siècles modelés à sa guise et animés de son souffle. De l'étude que nous faisons plus loin de cette religion et de ses sectes, se dégage le caractère de l'Africain du Nord.

Toutefois, la race berbère, c'est-à-dire celle qui a donné son nom à la Berbérie (Maroc, Algérie, Tunisie, Tripolitaine) peuple la plus grande partie de la Tunisie. Ce sont ces peuples que les auteurs anciens appelaient Lybiens et Numides. Plus tard, la race arabe s'est croisée avec la première. La race arabe est la véritable race orientale, venue en Afrique pour frapper le christianisme et détruire la domination romaine. Physiquement, le peuple tunisien est beaucoup plus berbère qu'arabe, mais au moral, la civilisation musulmane, ainsi que nous le disions plus haut, a laissé sur lui toute son influence. La plupart des tribus ont oublié jusqu'à la langue berbère. Les habitants des grandes villes sont intelligents et laborieux, et les produits de leur industrie ont acquis sur tous les marchés une renommée qui n'est pas usurpée. Les habitants des villages voisins des oasis sont généralement travailleurs et bons cultivateurs; ils sont d'un tempérament nerveux ; grands et forts, ils ont toutes les qualités matérielles nécessaires à la culture.

Il est à peine utile de parler des femmes; celles-ci ont dans les mœurs arabes un rôle tellement effacé qu'elles laissent à l'homme une autorité absolue et ne sont considérées que comme des esclaves. C'est la femme qui est chargée des plus pénibles besognes ; c'est elle qui marche à pied dans le désert, quand l'époux est sur le chameau. Ainsi le veut la civilisation de l'Islam !

Nous ne pouvons guère parler de la beauté de ces femmes qu'un voile jaloux cache à tous les regards. L'arabe ne permet pas à ses femmes de lever leur voile devant les étrangers. Quelques indiscrétions nous permettent de dire, cependant, qu'il en existe de toutes les nationalités en Tunisie. Quelques-unes, des juives notamment, sont remarquablement belles.

La physionomie des femmes Touaregs est toute particulière. Lorsqu'on les rencontre avec leurs enfants sur le dos, comme dans une hotte, avec leur long voile descendant en pointe et laissant seulement les yeux et le front découverts, on n'est guère prévenu en leur faveur, et l'on apprend sans surprise qu'elles sont les épouses de pillards et de brigands.

Il existe aussi des nomades, mais en petit nombre aujourd'hui. Quelques tribus, après avoir ensemencé le sol, partent pour d'autres points du territoire et reviennent ensuite recueillir le fruit de leurs premières peines… quand d'autres ne l'ont pas récolté avant eux. Toutefois, ces actes de brigandage sont aujourd'hui plus rares que jamais.

Mais ce qui frappe plus particulièrement le voyageur, c'est la façon dont ces peuples pratiquent l'hospitalité. Sauf quelques sectes musulmanes, ennemies de l'influence civilisatrice, éloignées de tout ce qui vient de France, acharnées contre toute morale apportée par des missionnaires évangéliques, la population de l'Afrique du Nord voit généralement un frère dans tout étranger. Ceux de nos compatriotes qui ont exploré ces régions savent quel accueil cordial leur a été fait dans la moindre tribu. L'auteur des *Orientales* a voulu immortaliser cette vertu africaine dans ses *Adieux de l'hôtesse arabe* :

Si tu ne reviens pas, songe un peu quelquefois
Aux filles du désert, sœurs à la douce voix,
   Qui dansent pieds nus sur la dune ;
O beau jeune homme blanc, bel oiseau passager,
Souviens-toi, car peut-être, ô rapide étranger,
   Ton souvenir reste à plus d'une !

Mais, à côté de cette gracieuse image, l'exactitude nous oblige à dire qu'il existe encore des brigands, des écumeurs du désert appelés *Touaregs*. Ces pirates pénètrent parfois dans l'intérieur jusqu'à Tombouctou. Ils ne craignent pas d'attaquer les caravanes, et leur capture est entraînée par eux jusqu'aux marchés d'esclaves. Dans ces étapes sans fin, combien de malheureux sont tombés épuisés de lassitude et meurtris sous le fouet ! Les ossements épars que l'on rencontre souvent dans le Sahara indiquent la funèbre voie qu'ont suivie les Touaregs. Mais ces tristes captures deviendront de plus en plus rares, à mesure que l'œuvre anti-esclavagiste prendra son extension. Monseigneur Lavigerie, dont le zèle apostolique et la charité sont infinis, a déjà fait luire au fond de ces plaines les clartés du christianisme.

Et en même temps qu'il ramène les âmes au sein de l'Eglise, il s'occupe sans relâche de conduire les hommes à l'indépendance, en travaillant à l'extinction de la traite des noirs. Mais était-il besoin de le nommer ici ? Est-il un coin du monde où son œuvre sainte n'ait été saluée, où son nom ne soit béni !

III

Historique. — Traité de paix. — Annexion et Protectorat. — Administration.

Il serait trop long, au cours de cette simple causerie, de retracer toute l'histoire de la Tunisie ; ce récit n'ayant d'ailleurs aucune prétention pédagogique, nous préférons en éloigner tout détail insidieux. L'histoire romaine nous apprend quelle puissance les Latins avaient acquise dans l'Afrique du Nord ; les seuls noms de Bysacium, de Numidie, de Carthage évoquent à la fois tous ces souvenirs. Rappelons seulement que les principales dynasties des rois de Tunis furent celles des Aghlabites et des Hafcides (XIII° siècle). Puis en 1573 la Tunisie fut conquise par le sultan de Constantinople, et pendant près d'un siècle et demi elle resta province ottomane, administrée par un chef relevant de l'empire ottoman. Le dernier de ces chefs, afin de ramener la Tunisie à son indépendance première, fonda la dynastie des Beys. Il se nommait Hosein-Bey et était de race turque. Mais tout en conservant la puissance administrative, il reconnaissait au sultan la dignité de chef des croyants. Toutefois, la puissance politique des beys ne fut réellement acquise qu'un siècle plus tard par Hamound-Pacha qui ne reconnut absolument le sultan que comme chef de sa religion.

Arrivons maintenant à des évènements récents, et étudions comment furent cimentés d'une façon définitive les rapports amicaux de la Tunisie et de la République Française :

Le 12 mai 1881, au moment où les troupes françaises étaient sur le point d'occuper Tunis, le général Bréart se présenta au palais du bey Mohammed-es-Sadok, auprès duquel se tenait son premier ministre Mustapha. Le général fit connaître à Son Altesse la proposition suivante :

« Le gouvernement de la République Française désirant terminer les difficultés pendantes par un arrangement amiable qui sauvegarde la dignité du Bey, m'a fait l'honneur de me désigner pour cette mission. Il désire le maintien de Votre Altesse sur le trône et celui de votre dynastie. Il n'a aucun intérêt à porter atteinte à l'intégrité du territoire de la Régence. Il réclame seulement des garanties jugées indispensables pour maintenir les bonnes relations entre les deux gouvernements. »

Suivait le texte du traité de paix :

Traité entre le gouvernement de la République Française et le Bey de Tunis.

Le gouvernement de la République Française et celui de Son Altesse le Bey de Tunis ;

Voulant empêcher à jamais le renouvellement des désordres qui se sont produits récemment sur les frontières des deux Etats et sur le littoral de la Tunisie, et désireux de resserrer leurs anciennes relations d'amitié et de bon voisinage, ont résolu de conclure une convention à cette fin, dans l'intérêt des deux hautes parties contractantes.

En conséquence, le Président de la République Française a nommé pour son plénipotentiaire le général Bréart qui est tombé d'accord avec Son Altesse le Bey sur les stipulations suivantes :

ARTICLE PREMIER.— Les traités de paix, d'amitié et de commerce et toutes autres conventions existant actuellement entre la République Française et Son Altesse le Bey de Tunis sont expressément confirmés et renouvelés.

ART. 2. — En vue de faciliter au gouvernement de la République Française l'accomplissement des mesures qu'il doit prendre pour atteindre le but que se proposent les hautes parties contractantes, Son Altesse le Bey de Tunis consent à ce que l'autorité militaire française fasse occuper les points qu'elle jugera nécessaire pour assurer le rétablissement de l'ordre et la sécurité des frontières et du littoral.

Cette occupation cessera lorsque les autorités militaires françaises et tunisiennes auront reconnu, d'un commun accord, que l'administration locale est en état de garantir le maintien de l'ordre.

Art. 3. — Le gouvernement de la République Française prend l'engagement de prêter un constant appui à Son Altesse le Bey de Tunis contre tout danger qui menacerait la personne ou la dynastie de Son Altesse ou qui compromettrait la tranquillité de ses Etats.

Art. 4. — Le gouvernement de la République Française se porte garant de l'exécution des traités actuellement existants entre le gouvernement de la Régence et les diverses puissances européennes.

Art. 5. — Le gouvernement de la République Française sera représenté auprès de Son Altesse le Bey de Tunis par un ministre résident qui veillera à l'exécution du présent acte et qui sera l'intermédiaire des rapports du gouvernement français avec les autorités tunisiennes pour toutes les affaires communes aux deux pays.

ART. 6. — Les agents diplomatiques et consulaires de la France en pays étrangers seront chargés de la protection des intérêts tunisiens.

En retour, Son Altesse le Bey s'engage à ne conclure aucun acte ayant un caractère international sans en avoir donné connaissance au gouvernement de la République Française et sans s'être entendu préalablement avec lui.

ART. 7. — Le gouvernement de la République Française et le gouvernement de Son Altesse le Bey de Tunis se réservent de fixer d'un commun accord les bases d'une organisation financière de la Régence, qui soit de nature à assurer le service de la Dette publique et à garantir les droits des créanciers de la Tunisie.

ART. 8. — Une contribution de guerre sera imposée aux tribus insoumises de la frontière et du littoral. Une convention ultérieure en déterminera le chiffre et le mode de recouvrement, dont le gouvernement de Son Altesse le Bey se porte responsable.

Art. 9. — Afin de protéger contre la contrebande des armes et des munitions de guerre les possessions algériennes de la République Française, le gouvernement de Son Altesse le Bey de Tunis s'engage à prohiber toute introduction d'armes ou de munitions de guerre par l'île de Djerba, le port de Gabès ou les autres ports du Sud de la Tunisie.

Art. 10. — Le présent traité sera soumis à la ratification du gouvernement de la République Française et l'instrument de la ratification sera remis à Son Altesse le Bey de Tunis dans le plus bref délai possible.

Le gouvernement français ayant donné quelques heures de réflexion au bey Mohammed-es-Zadok, celui-ci, après avoir fait objection sur la brièveté du délai qui lui était fixé, demanda pour faveur de ne pas faire entrer les troupes françaises à Tunis. Cela, répondit le général Bréart, n'entrait pas dans nos prévisions, mais soyez assuré qu'il sera fait selon le désir de Votre Altesse.

Tel fut le traité de garantie qui fut signé le 12 Mai 1881 à Cassar-Saïd entre le gouvernement français et le Bey de Tunis.

Cette opération diplomatique, bien que très sconciliante, ne laissa pas que de trouver de vives oppositions en France, aux Chambres, dans la presse et dans les esprits. Sans songer aux lourdes conséquences qu'eut pu entraîner l'annexion, certains partis l'eussent acceptée comme un hommage rendu à la vanité de leurs sentiments patriotiques ; d'autres, moins *chauvins*, portaient leurs préférences sur un abandon complet. Enfin une opinion plus appréciée consistait à établir un protectorat. De cette façon, la Tunisie n'était ni annexée ni abandonnée ; ce moyen, en transigeant, devait donner à tous une satisfaction relative. Gambetta, le 2 décembre 1881, traçait ainsi le tableau de l'évacuation de la Tunisie par les troupes françaises :

« Sortez de la Tunisie sans savoir qui y entrera demain, et vous pouvez être surs que les tribus que vous aurez chassées reparaîtront altérées de vengeance, et que si elles rencontrent sur leur chemin, je ne dis pas un français, mais un européen quelconque, ce sera par le meurtre, le pillage, le vol qu'elles se vengeront ! Et alors, c'est à vous, c'est à la France qu'on demandera légitimement compte de l'abandon que vous avez fait, de la retraite de votre armée, de votre pavillon. »

En tous cas, il ne faut pas se dissimuler les charges que l'annexion eut imposées à la France. L'Angleterre, qui n'a pas oublié ses antipathies sans fondement, n'a vu qu'avec une jalouse inquiétude tous nos progrès sur la terre africaine. Nul n'ignore les sentiments amers qu'éveillèrent de l'autre côté de la Manche nos ambassades du Foutah-Djallou et du Niger, le chemin de fer sénégalais et le transaharien. A la seule idée de ce dernier, notamment, les Anglais comprirent de suite toute l'influence commerciale que nous allions acquérir au Soudan et virent déjà tomber la leur sur la Méditerranée. En cet état de choses, il est facile de comprendre avec quelle déception l'Angleterre aurait vu la Tunisie devenir possession française. Afin d'éviter toute complication avec elle, il nous fallut stipuler que les conventions établies entre son gouvernement et celui de la Régence seraient respectées. A peine le traité du Bardo fut-il signé, que M. Barthélemy-Saint-Hilaire se vit interpellé par notre trop craintive voisine. Vos intentions, disait-elle en substance, par la voix de son ambassadeur Lord Lyons, ne seraient-elles pas de revoir quelques-uns des traités, de créer un port à Bizerte, etc.? Le 16 mai de la même année, M. Barthélemy-Saint-Hilaire répondit en des termes précis à ces interrogations ; il fit connaître qu'il entrait dans les intentions de la France de développer au point de vue commercial le port de Bizerte, mais non d'en faire un point militaire ; que, par ailleurs, nos arrangements avec le Bey ne comprenaient aucune stipulation aux assurances précédemment données. Voici donc la raison majeure pour laquelle l'annexion de la Tunisie à la France fut éloignée. Il en est une autre qui n'est pas sans valeur et qu'à cette époque, M. le duc de Broglie exposa fort judicieusement : Par le fait de l'annexion, notre frontière orientale eut été reculée jusqu'à Tripoli ; or cette frontière ou plutôt ce voisinage eut été le dernier à choisir ; car la Porte étant sous la protection de l'Europe, être son voisin, c'était être celui de toute l'Europe ; et entrer en difficultés avec elle, c'était y entrer avec tout le monde.

Notre traité avec le bey de Tunis était bien la meilleure politique qu'il fût possible de suivre. Voici encore à cet égard l'opinion de Gambetta :

« Cette politique, disait-il, a été la politique constante de tous les gouvernements civilisateurs, depuis les Grecs, les Romains et les Carthaginois, jusqu'aux Anglais qui restent nos maîtres dans cette matière ; cette politique consiste à trouver avec le prince des accommodements qui, en même temps qu'ils garantissent la sécurité intérieure de ses Etats, garantissent le pouvoir protecteur contre les intrigues, les menées, les manœuvres des rivaux. Je dis qu'il ne faut pas hésiter à suivre cette politique. Le protectorat ainsi conçu n'est pas l'annexion déguisée, mais la négation de l'annexion. C'est, au jour le jour, la présence vigilante, permanente, tangible d'un agent du gouvernement, surveillant tous ses intérêts, intervenant à chaque instant, et pouvant empêcher des déviations et des compromissions fatales aux intérêts mêmes du pays qu'il représente. »

On n'a sans doute pas oublié que les années qui suivirent la conclusion du traité du Bardo ne furent pas aussi calmes qu'on eût pu l'espérer ; les troubles qui survinrent à cette époque nous montrèrent de quelle manière certaines tribus accueillirent le traité de garantie ; le calme rétabli sur un point faisait renaître les hostilités sur un autre. Le soulèvement des Mogods, le bombardement de Sfax, la prise de Gabès, l'occupation de Djerba furent autant d'évènements successifs qui commandèrent au gouvernement de prendre des mesures de précaution. Par l'envoi d'un second corps expéditionnaire de 30,000 hommes, l'effectif de l'armée d'occupation fut porté à 50,000 hommes. Cette armée s'empare de Kairouan, et, affirmant ainsi sa valeur, tient en repos les indigènes trop enclins à la révolte.

L'influence française et la sympathie des habitants concoururent à achever notre œuvre si dignement commencée. On adopta bientôt l'institution de tribunaux français. Un tribunal civil a son siège à Tunis et plusieurs justices de paix sont instituées sur différents points du territoire, tels que Sousse, la Goulette et Sfax. Avant l'adoption de ces tribunaux (1884) les délits des étrangers à Tunis étaient soumis à la juridiction des consuls. Ces capitulations ne devaient pas longtemps résister à la marche progressive des idées égalitaires chez un peuple ardent et intelligent. Et puisque nous parlons de l'administration de la Régence, ajoutons que sa défense ne demande qu'un faible nombre de soldats ; mais jamais recrutement n'eut été plus aisé que sur ce sol, où les arabes, hommes belliqueux autant que forts et aguerris, fourniraient si l'on voulait, une armée d'élite.

La création d'une armée coloniale a terminé les travaux de la France sur la terre tunisienne.

IV

Causes de l'Expédition française.

Nous voudrions faire connaître ici quelles sont les raisons qui déterminèrent l'expédition française en Tunisie. Mais cette campagne a été la conséquence de tant de faits différents, qu'il est utile de rappeler quelles étaient les prétentions des puissances européennes sur ce pays.

Depuis plus de deux siècles, la Porte avait plusieurs fois tenté de ramener à elle la Tunisie, et de faire du bey un simple serviteur.

Ces agitations d'un peuple qui n'était en aucune façon notre voisin et dont la politique n'avait aucun point de contact avec la nôtre, nous eussent laissés longtemps insouciants, si la conquête de l'Algérie n'était venue éveiller sur ce point notre attention. Notre France africaine, l'Algérie, avait avec la Tunisie 500 kilomètres de frontières communes ; dès lors, nous ne pouvions voir sans quelque crainte un tel voisin ; ses prétentions sans cesse grandissantes eussent pu quelque jour se porter jusqu'à Alger. Il aurait suffi pour cela du moindre motif, et on l'eût trouvé facilement. Cependant, la Porte garda ses desseins jusqu'en 1871, où, profitant de nos revers, elle crut le moment favorable pour déchaîner une insurrection en Algérie, premier pas vers la Tunisie ; toutefois, elle fut déçue, car nous sûmes réprimer ce premier mouvement. Mais le sultan ayant eu ses revers à son tour, entrevit comme une compensation à la perte de ses provinces d'Asie et d'Europe la possession de la Régence. Pour arriver à ses fins, il employa un moyen terrible : il suscita la passion religieuse.

Il fit appel contre nous au fanatisme musulman. Sa voix fut entendue par tous les fils de Mahomet ; mais ce rêve du fanatismo musulman ne fut pas pour nous ce qu'il y eut de plus redoutable.

L'Italie, en effet, avait porté ses vues sur la Tunisie. Cette terre, si pleine des souvenirs de son brillant passé, lui souriait par-dessus les flots bleus de la Méditerranée ; Rome antique a laissé de sa gloire sur tous les points de la Tunisie ; partout on retrouve les traces de sa domination et de son génie ; et cette terre touche pour ainsi dire l'Italie : un homme ayant bonne vue pouvait, dit Strabon, des côtes de la Sicile, compter les vaisseaux qui sortaient du port de Carthage.

Cette revendication de l'Italie pour cette jolie partie de la terre africaine ressemble à la fatuité de certains petits nobles qui se font prévaloir de la grandeur de leurs aïeux, comme si les exploits et la vaillance de ceux-ci pouvaient en quelque façon racheter la nullité et la couardise de leurs tristes descendants. La noblesse n'est plus héréditaire ; elle se conquiert par le travail et par l'honneur.

L'Italie n'avait d'ailleurs, en dépit de

ses revendications, aucun droit à la possession de la Tunisie. Toutes choses bien considérées, nous y avions plus droit qu'elle, étant donnée l'importance des intérêts engagés. Ces intérêts étaient même tellement multiples qu'ils nous empêchaient d'admettre sur la Tunisie aucune autre prépondérance que la nôtre. Telle n'était pas la manière de voir de l'Italie.

Malgré que les dépenses considérables faites par la France pour établir un service télégraphique en Tunisie conféraient en quelque sorte au personnel français de cette administration un droit de premier occupant, l'Italie s'ingénia, en 1880, d'établir un câble entre la Sicile et les côtes de Tunisie, et de placer dans les postes des employés italiens. Cette première vexation du gouvernement italien à notre adresse ne devait pas être la seule. Le différend survenu à propos du chemin de fer de Bône à Guelma nous l'a montré.

Les moindres circonstances étaient bonnes au gouvernement italien qui s'empressait de les utiliser à son profit, en détruisant petit à petit, miette à miette le prestige de la France en Tunisie. Quelle manifestation anti-française ne fut pas organisée à l'occasion d'un voyage du roi d'Italie à Palerme !

Signalons ausi l'affaire de l'Enfida : Le général Khérédive avait obtenu de la faveur du bey, en récompense de ses services personnels, le magnifique et immense domaine de l'Enfida. Mais le même général ayant eu quelque jour besoin de réaliser, vendit le domaine à une société marseillaise. Apprenant cela, le bey fit tous ses efforts pour reprendre à cette société le domaine de l'Enfida. N'ayant pu réussir par des moyens indirects, il fit faire des propositions à la compagnie par le gouvernement ottoman, en offrant 500,000 fr. de bénéfice. La société refusa. Un juif anglais fut alors chargé par le bey de cette importante affaire ; mais l'Angleterre, reconnaissant mauvaise la cause de son national, lui refusa tout appui, et l'affaire fut tranchée au bénéfice de la société marseillaise par les tribunaux tunisiens. Tous ces motifs auraient suffi à engager la France dans une expédition, si d'autres causes plus graves n'avaient encore hâté sa détermination :

Tous les révoltés, tous les fauteurs d'insurrection en Algérie se réfugiaient dans la Régence, qui devenait le point de départ et l'entrepôt des armes, de la poudre et autres munitions de guerre dont devaient se servir contre nous les tribus rebelles de l'Algérie. Cette situation alarmante nous fut signalée à cette époque par des dépêches fréquentes de nos chargés d'affaires.

Autres incidents :

On se souvient qu'un navire français, l'*Auvergne*, jeté par la tempête sur les côtes de Tunisie, fut en plein jour pillé et saccagé. Un autre navire français, le *Santoni*, repoussé par l'orage jusqu'à l'embouchure de la Medjerda fut traqué par les indigènes. L'équipage ne dut d'être épargné qu'à la présence d'esprit du capitaine Raffaëlli qui se fit passer pour italien.

Nous passons sous silence les vols et

incendies, les violations de frontières et autres brigandages commis par des bandes armées et organisées. Les Ouchtetas, notamment, se signalèrent par des actes d'une abominable sauvagerie.

Malgré tout, le gouvernement français eut peut-être transigé avec le gouvernement du bey ; mais celui-ci, ne se rendant sans doute pas compte de la gravité des coups qui nous étaient portés, opposait toujours l'indifférence à nos propositions pacifiques.

Comme on le voit, aucun homme ne suscita l'expédition de la France en Tunisie, aucun fait isolé ne la provoqua. Elle est la résultante d'une multitude de circonstances et la conséquence d'une politique inhabile conduite pendant des années ; car on peut dire que la question tunisienne est contemporaine de la question algérienne.

V.

Les Oasis.

Dans l'étude des oasis de la Tunisie, nous suivrons la route que prendrait un voyageur s'il s'embarquait à Gabès, traversait les shotts, et passait à Touzer, Gafsa et Sfax, pour venir à la forêt de Chéba.

Gabès est entourée d'une ceinture de verdure formée par une des plus belles oasis et par des jardins merveilleux. Cette fertilité est due à l'Oued-Gabès qui se divise en deux branches alimentant une multitude de canaux, lesquels portent sur leur parcours la fraîcheur et la fécondité.

La culture des jardins entourant Gabès est très aisée ; le sol fertilisé par les eaux du fleuve s'y prête admirablement. L'orge et le blé croissent sur cette terre privilégiée. Des amandiers, des orangers, des dattiers, des citronniers et des figuiers mêlent ensemble leurs feuilles verdoyantes et forment un verger délicieux.

L'oasis d'*El-Hamma*, sur la route de Gabès à Limaguez, est d'une végétation prodigieuse. Trois sources chaudes et sulfureuses arrosent la partie basse de l'oasis et donnent aux palmiers et aux figuiers dont elles baignent les racines une vigueur particulière. Quant à la partie de l'oasis où les sources ne portent pas leurs eaux, on emploie pour la rendre fraiche un procédé particulier: on pratique une excavation au pied de chaque arbre, et lorsqu'il pleut, l'eau s'y rend et peut y séjourner.

Mentionnons aussi la petite oasis de *Limaguez*: elle n'est certes plus ce qu'elle a été; les bras manquent pour cultiver ses palmiers. Le village est presque désert, et l'oasis est la propriété d'une zaouia qui l'a pour ainsi dire abandonnée.

L'oasis de *Kebilli* jouit d'une irrigation parfaite qui est alimentée par une source toujours fraiche. On y compte plus de 30,000 palmiers dont quelques uns ont jusqu'à vingt mètres de hauteur. Les oliviers, abricotiers, figuiers et grenadiers s'y développent prodigieusement, et à l'ombre de ces arbres, le sol produit encore de l'orge et de la luzerne.

Quant à la ville de Kebilli, c'est une petite localité bien arabe, à rues basses et tortueuses.

L'oasis de *Guebal-Saour*, perchée sur un mamelon, est baignée par un simple ruisseau qui suffit à entretenir la végétation de l'orge et du blé, ainsi que celle des palmiers et des oliviers.

L'oasis de *Bechilli*, simple touffe de palmiers dans une petite vallée.

L'oasis de *Berhoulia* accompagne le village du même nom.

Il arrive souvent que les oasis s'ensablent sous l'action des vents. Pour remédier à cela, certaines d'entre elles, comme les précédentes, sont entourées d'une culture inférieure suffisante à retenir les sables par la pousse de ses racines, et de plus, ces champs sont enclos de branches de palmiers.

L'oasis de *Ghélifla*, quoique peu étendue, est très intéressante. Pittoresque et fraiche, la source qui lui donne sa fertilité naît entre deux édicules de sable et se répand ensuite dans un marécage où croissent abondamment les roseaux et autres plantes aquatiques.

La grande oasis d'*El-Ouïlan* possède plus de quarante sources qui s'échappent de la montagne du Djébel-Droumès et descendent dans ses plantations. Les arbres fruitiers et la luzerne sont les produits de cette oasis que quatre mille arabes cultivent en commun.

Maintenant et plus loin, les oasis se montrent dans toute l'opulence de leur végétation et dans toute la beauté de leur culture. Abritées par les montagnes, elles ne redoutent plus les sables ni les vents brûlants du désert. Ici, en effet, nous pénétrons dans le Djérid, la terre saharienne, mais la perle du Sahara. Ses palmiers sont les plus beaux de l'Afrique, et ses habitants, vrais colons, sont des travailleurs intelligents.

Dans ce pays, détail curieux, la fécondation du palmier est artificielle. Les Khammès (on nomme ainsi les arabes qui cultivent les palmiers) introduisent le pollen dans chaque élément femelle et l'y maintiennent par une ligature. Le travail du palmier est dur et demande des soins constants et persévérants, car cet arbre ne produit guère avant cinq années, mais il produit pendant cent ans.

Le palmier est pour l'arabe l'arbre providentiel : non-seulement il lui procure l'ombrage et le nourrit, mais il le désaltère. Le vin de palmier est très goûté en Afrique, et surtout dans le Djérid. Il n'est pas jusqu'aux fibres du palmier dont la nature textile n'ait été utilisée par les arabes.

Les dattes, dont les espèces sont très multiples, sont un des produits les plus utilisables. Outre l'alimentation qui en absorbe une énorme quantité, il en est réservé pour la distillerie qui les transforme en alcool.

Il est à remarquer que tous les arbres fruitiers de l'Europe existent dans les oasis de Tunisie; il n'est pas jusqu'à nos plus savoureuses espèces de poires et de prunes qu'on ne retrouve là-bas. Mais l'arabe, dont l'imagination est vive et féconde, met quelque coquetterie dans sa plantation : c'est ainsi qu'il enlace le palmier des ceps de la vigne et qu'il réunit en guirlandes le feuilage des deux plantes.

Nous retrouvons aussi dans les oasis tous nos légumes, cultivés avec d'autres que le sol de la France ne saurait nourrir. Les aubergines, les citrouilles, les potirons, les melons, les pastèques, les oignons, l'ail, les navets, les carottes, les choux, les fèves, les tomates, le persil et le poivre rouge sont abondamment récoltés.

Enfin le sel est produit par les shotts dans une proportion notable.

L'oasis de *Touzer* est dans une situation basse et il s'en échappe des miasmes. Les voyageurs campent généralement aux abords de l'oasis, mais malgré cela, ils sont souvent fort mal traités par les sables que le vent chasse par tourbillons épais et qui, s'infiltrant par les moindres ouvertures, manifestent leur présence jusque dans les aliments. Sept villages sont disséminés sur la lisière de l'oasis. Elle est évaluée à 400 hectares, et produit par an huit millions et demi de kilogrammes de dattes ; on estime qu'elle possède 220,000 palmiers. Mais les abords de cette oasis sont d'une stérilité désolante, ainsi que les coteaux qui l'abritent des vents Nord. Malgré tout, l'oasis de Touzer est pittoresque et offre bien la physionomie des paysages arabes.

C'est dans les campements au bord de cette oasis que nous trouvons des tribus se nourrissant presque exclusivement de « couscoussou ». Cette cuisine arabe consiste en une bouillie de gruau en grains, cuite avec des morceaux de mouton ou de poule, le tout relevé par une sauce rouge au piment.

L'oasis de *Nefta* a une étendue de 500 hectares et elle possède 240,000 palmiers. Les sources qui lui donnent sa fertilité prennent naissance au Nord, dans une gorge profonde. Du sommet de l'oasis, on domine toute une forêt de palmiers, resserrée par les escarpements du ravin. Toutes ces cimes vertes prennent des teintes différentes, en raison des ombres que leur donnent les collines ; de distance en distance, des échappées nous laissent entrevoir des plaines où paissent des troupeaux de moutons ; plus loin, la vallée se rétrécit et va se perdre mystérieusement dans l'ombre de la forêt.

La ville de Nefta (ancienne Aggar-el-Nepte), envahie par les sables du shott, menace aussi de disparaître sous l'action toujours grandissante des vents Nord et Est qui, chassant vers elle les sables du désert, l'ont rendue dès aujourd'hui presque aussi inhabitable que Touzer.

Des explorateurs ont déjà indiqué que,

pour préserver ces deux oasis et ces deux villes, il suffirait d'arrêter la marche du sable, lequel s'accumule depuis longtemps contre les murailles et déborde dans les cultures. A cet effet, on élèverait des palissades sur lesquelles on fixerait des clayonnages ; puis le sable, ainsi rendu moins mouvant, serait retenu par des gazonnements. Mais les indigènes prétendent que ces sables viennent du ciel et que rien ne les saurait arrêter. Puisque la science se trouve ici en présence du fanatisme, il est bien à croire que Touzer et Nefta iront avec leurs oasis retrouver sous les sables l'antique Aggar-el-Nepte. Il se peut cependant que depuis quelque temps des travaux aient été commencés. Nous n'en avons pas eu connaissance jusqu'à ce jour.

Citons encore :

L'oasis d'*El-Hamma*, sur les bords du shott Rharsa. Elle est alimentée par trois sources fraiches et abondantes d'une eau très potable. Elle a une grande analogie avec l'oasis de Touzer.

L'oasis de *Gafsa* est située au Sud de la ville de ce nom. La culture du dattier n'est ici que secondaire, par suite de la situation plus septentrionale de cette oasis. Mais en revanche, l'olivier est l'objet d'un travail considérable. On y trouve également des figuiers, des pêchers, des abricotiers, des citronniers, des grenadiers, des amandiers, des pruniers, etc. Les habitants s'y livrent aussi à la culture maraîchère; l'orge, le maïs, les fèves, les oignons, les salades, etc. y sont récoltés en abondance.

Il est à déplorer que des crues viennent fréquemment détruire toute la récolte de cette oasis.

L'oasis d'*El-Guellar* est située dans un paysage délicieux. Elle est aux pieds des falaises du Djebel-Arbata, là où elles sont perpendiculaires. Elle est arrosée par seize sources d'une eau fraîche et abondante s'échappant de la montagne.

Cette oasis n'a guère que cent cinquante hectares, mais c'est une des plus fertiles et des plus belles de la Tunisie.

Rien ne saurait égaler la fraicheur de ses prairies et la beauté de ses vergers. La montagne la couvre d'une ombre bienfaisante ; et ses palmiers, ses pistachiers, ses oliviers et ses abricotiers y atteignent un développement considérable.

VI

Les Ruines principales. — Voies romaines.

Après les arènes du Colysée à Rome, le plus bel amphithéâtre connu est celui d'*El-Djem* qui laisse bien loin derrière lui les arènes de Nîmes. Il a la forme elliptique, et son grand axe intérieur mesure 162 mètres. Le petit axe a 108 mètres. Pour donner une idée de la puissante structure de ce monument qui a résisté à l'action des siècles, il suffit de faire savoir que l'épaisseur de ses murs atteint 56 mètres. Le cirque comprenait autrefois cinq étages, mais le premier est aujourd'hui enfoui sous le sable et les décombres. Le second et le troisième sont en état de conservation, et les deux derniers étages supérieurs sont tombés. Tout l'édifice est construit en pierres de taille et son extérieur est décoré d'arcades reliées entre elles par des colonnes corinthiennes et composites.

On raconte qu'aux premiers jours de la conquête arabe, la reine Kakina, poursuivie par Sidi-Okba, s'enferma dans le cirque pour résister aux efforts des assiégeants. La lutte dura trois années et ne laissa pas que d'être funeste au monument.

Il y a un demi-siècle à peine, des tribus refusant de payer l'impôt furent obligées de se réfugier dans l'amphithéâtre d'El-Djem. Le bey Ahmed les y poursuivit, et, pour pénétrer jusque dans leur retraite, perça la brèche de l'Ouest. Ce fait, cependant, est contesté par les habitants du pays.

Ainsi qu'on le voit, ce superbe monument n'a pas subi que les ravages du temps. Aujourd'hui encore, une population voisine lui arrache pierre par pierre les matériaux qu'elle utilise à se construire des habitations ; tandis que des familles entières de malheureux arabes s'abritent dans ses ruines. Malgré ce contraste saisissant de la pauvreté avec une richesse et une gloire disparues, ce monument est un des plus beaux de l'antique puissance romaine dans l'Afrique du Nord.

L'aqueduc de *Carthage* est un des ouvrages les plus gigantesques que les Latins aient bâti en Afrique. Sa destination première était d'amener à Carthage, par un canal tantôt souterrain, tantôt porté sur de hautes et magnifiques arcades, les eaux de deux sources abondantes, celle de Zar-Ouan et celle de Djougar. Cet aqueduc prodigieux, par un détour immense, franchissait collines et vallées, disparaissait et reparaissait tour à tour, suivant les accidents du sol. Le touriste peut encore en admirer de beaux vestiges dans ses excursions autour de Tunis, mais les tronçons qui aboutissaient aux citernes de Carthage ont presque totalement disparu.

M. Piesse, dont nous avons utilement consulté « l'itinéraire de l'Algérie et de la Tunisie, » nous dit que certaines voûtes de l'aqueduc atteignent 16 m. de hauteur.

On retrouve en Tunisie des traces de *Voies romaines*, ces routes où le Temps semble avoir marqué ses pas de géant par des tombeaux.

Citons entre autres la voie de Carthage à Théveste. Cette voie passait par Haïdra, car on trouve une base de borne milliaire en avant du grand arc de triomphe de Haïdra. Elle se dirigeait ensuite vers l'henchir Medeïna, comme le prouvent les restes d'une chaussée de trois kilomètres que l'on trouve encore à deux mille mètres environ en avant de Medeïna. La station suivante est le village d'Ebba, construit sur les ruines d'Obba qui occupent un kilomètre carré environ. Dans les ruines mêmes se trouve une borne milliaire. La voie gagne ensuite Lorbes. On en trouve de beaux vestiges aux pieds du Djebel-Barouag.

On suppose qu'il existait autrefois une autre voie romaine entre Bir-oum-Ali et Thelepte ; mais, à cet égard, les avis sont partagés. Ce qui est certain, c'est qu'à quelques lieues dans l'ouest de Fériana, on a retrouvé sur une longueur de deux cents mètres des traces très distinctes de cette voie. Les vestiges indiquent une route large de quatre mètres. Toujours dans cette direction, on rencontre de loin en loin des milliaires couchées sur le sol, et qui ne peuvent laisser aucun doute sur l'existence d'une voie romaine dans ces parages.

D'ailleurs, il serait impossible, au cours d'une étude aussi succinte, de relater tout ce que la Tunisie possède de ruines intéressantes. Pas un monument de la grandeur passée des Romains, pas un mausolée, pas une pierre milliaire qui ne rappelle par ses épigraphes un nom jadis retentissant et n'ouvre un horizon à l'imagination du voyageur.

Citons au hasard quelques ruines pittoresques : Au Kef, par exemple, des thermes rappellent ceux que Paris possède à Cluny. L'époque paraît être la même, et la construction, autant qu'on peut en juger est de même style. On trouve encore au Kef une fontaine romaine en état de conservation, dont la source n'est pas tarie ; elle est fréquentée par les indigènes. Nous avons, toujours au Kef, en état presque parfait, un monument de l'ancienne fortification romaine : un bastion élève sur un mamelon ses hauts murs de pierres de taille, capables encore de défier les attaques d'une armée.

Citons aussi les mausolées d'Henchir Touireuf et d'Henchir Guergour. Le premier n'offre que peu d'intérêt. Il est formé de pierres énormes superposées en colonne carrée dont le sommet se désagrège de plus en plus. Le second, au contraire, construit avec plus de recherche, comprenait trois parties : un socle de la hauteur de trois hommes, un massif intermédiaire et un faîte ; celui-ci a subi l'injure du temps, mais le massif intermédiaire possède encore ses dix colonnes corinthiennes dont les chapiteaux sont parfaitement conservés. Dans les chaleurs du jour, quelques arabes viennent dormir à l'ombre du monument isolé dans la plaine.

Nous avons encore à Henchir Guergour

les ruines d'un beau mausolée ; puis une cippe funéraire parfaitement conservée. Celle-ci est formée par une colonne ayant la forme d'un prisme hexagonal. Des niches ménagées au sommet de chaque face contiennent des statues que le temps a bien voulu respecter assez pour qu'on en puisse admirer encore le ciselé. Des inscriptions nombreuses sont gravées sur chacune des faces.

A cause de son originalité, nous ne pouvons passer sous silence la Kasr-Mnara, C'est une vaste masse cylindrique de maçonnerie dans laquelle les rangs de pierre horizontaux sont en saillie de deux en deux. Cette disposition particulière donne au monument l'apparence d'une énorme vis.

La porte monumentale de l'Henchir Sidi-Dhalifa a supporté l'assaut de plus de siècles qu'elle n'en verra désormais. Mais, malgré que la corniche est presque entièrement tombée, malgré que le cintre du portique s'affaisse de plus en plus, il est aisé de constater que le goût des anciens ne le cédait en rien au goût moderne. Rien de plus simple, en effet, et de plus pur à la fois que cet édifice.

Aux mêmes âges du monde que la Gaule, la terre d'Afrique a eu ses sacrifices humains. Sous le couteau meurtrier des bardes, le sang des victimes a coulé sur les dolmens. Moins riche de ces vestiges que la vieille Armorique, la Tunisie possède cependant quelques dolmens. Citons ceux de l'Henchir El-Hadjar ; l'un d'eux surtout est d'une belle dimension, et ses blocs énormes n'ont guère subi l'injure des siècles.

Le kasr Zaga est une ruine intéressante. C'est une construction carrée faite en pierres de taille ; elle était ajourie par des fenêtres demi-rondes et par de longues baies verticales. De nombreux débris s'entassent au pied des murs encore debout.

Citons encore à Henchir Zaga un tombeau creusé dans le roc, à trois portes s'ouvrant sur la même face.

Les ruines de Sbeïtla sont très importantes. On y remarque trois temples dévant lesquels s'élève un arc de triomphe d'une époque très reculée (139 de l'ère chrétienne). En arrivant par le sud, on se trouve en présence de cet arc d'une allure très imposante ; il est regrettable que ses détails soient complètement disparus. Puis après avoir franchi une étendue jonchée de débris, on s'engage sur un dallage bien conservé et l'on arrive à la ville. Les ruines principales sont : celles du théâtre, un portique et une porte triomphale précédant les temples. Mais, gisant sur le sol, que de fragments et de débris où l'artiste trouverait des dessins d'une remarquable pureté. Dans ces ruines, le sol de l'ancienne Sbeïtla est à 1 m. 20 au-dessous du sol actuel. Les ruines de cette cité ont longtemps servi de carrière aux peuples d'alentour qui sont venus arracher aux palais et aux temples du passé les pierres de leurs cabanes. Malgré ces ravages du vandalisme moderne, les pluies et les vents ont entassé le sable et la terre sur les ruines et leur ont ainsi formé une enveloppe protectrice. Des fouilles ont aujourd'hui mis à jour une partie des ruines. Si l'on continuait ces fouilles, on trouverait des débris plus nombreux; mais l'ancienne cité, telle qu'elle est aujourd'hui, nous laisse deviner la direction de ses rues et la beauté de ses monuments.

Toutefois, ce qu'il y a de plus intéressant est un ensemble de trois temples. Ces édifices sont précédés d'un parvis au-devant duquel est une porte triomphale. Le temple du milieu est d'un style composite d'une parfaite élégance ; il est plus élevé que les deux autres, qui sont corinthiens. L'arc de triomphe est situé dans la partie méridionale de la ville et semble appartenir à une époque de décadence.

Sur l'oued Sbeïtla, qui coule entre deux murailles de rochers à pic, on trouve les ruines d'un aqueduc situé au nord des temples.

VII

La Mer intérieure.

On lit dans Scylax que les bords du lac Triton, habités tout autour par les peuples de la Lybie, sont extrêmement riches et fertiles.

Or, ce lac Triton n'existe plus aujourd'hui, et s'il n'en était fait mention dans Procope, Ptolémée, Hérodote, Pomponius, Mélas et autres auteurs anciens, nous pourrions ignorer qu'il eût jamais existé. Cependant, au midi de l'Algérie et de la Tunisie, au pied des monts Aurès, le sol forme une vaste dépression s'étendant sur une longueur de cent lieues. Cette dépression se subdivise en plusieurs surfaces plus basses encore, auxquelles on donne le nom de *sholts* et dont la surface est recouverte de sel cristallisé ; ce sont, de l'Est à l'Ouest : le shott El-Djerid, le shott Rharsa et le shott Melrir, pour n'indiquer que les principaux.

Dans une étude fort intéressante, M. Antichan nous dépeint avec talent l'aspect de ces shotts :

« Ces lacs, dit-il, sont tellement fangeux, qu'il faut toujours craindre de s'y aventurer. Que de caravanes y ont péri sans laisser aucune trace ! Il serait téméraire de les traverser sans guide, car le chemin n'est jalonné que par des troncs de palmiers ou de simples pierres, et il est accidenté, étroit comme un cheveu, tranchant comme un rasoir ; les bêtes de somme ne peuvent y marcher qu'à la file, une à une, doucement et avec mille précautions, et malheur au chameau assez imprudent ou assez osé pour s'écarter, ne fût-ce que de quelques pas du sentier tracé ! La croute saline s'ouvre aussitôt comme une trappe invisible et l'engloutit. »

L'existence de cette dépression concordant avec la disparition du lac Triton, il est à croire que les eaux se sont peu à peu retirées et évaporées de ce lac, pour ne laisser subsister que les shotts. Une mer intérieure existait donc jadis, et, d'après des témoins pris dans le pays, des fossiles d'animaux marins ont été trouvés dans l'intérieur des terres.

On s'est alors demandé s'il ne serait pas possible de ramener les flots de la mer dans leur lit primitif. Le commandant Roudaire, qui s'est activement occupé de la question, affirme cette possibilité. Les shotts Rharsa et Melrir étant situés au-dessous du niveau de la mer, il n'y aurait, à son avis, qu'à ouvrir une communication entre eux et le golfe de Gabès; les eaux de la Méditerranée s'y précipiteraient immédiatement. Quant au shott El-Djérid, qui est au-dessus du niveau de la mer et qui est rempli de matières vaseuses, on ne désespérerait pas de le faire communiquer avec la mer intérieure, par des travaux de dragage établissant insensiblement un affaiblissement de son niveau. M. de Lesseps, consulté à cet égard, a répondu très affirmativement.

Il est inutile d'énumérer les avantages que l'Algérie et la Tunisie auraient à retirer de ces travaux : les shotts, foyers de fièvres paludéennes, seraient assainis ; le siroco, en passant sur cette mer, n'arriverait plus dans les villes du Nord africain que comme une brise rafraichissante ; la culture gagnerait la vallée de l'Aurès s'étendant jusqu'aux shotts ; la fécondité renaîtrait dans ces vastes régions aujourd'hui desséchées ; car au point de vue météorologique, il est facile de prévoir que l'évaporation considérable de ces flots, sous l'action du soleil africain, chassée par les vents du Sud se résoudrait en pluie sur l'Aurès et y créerait des sources bienfaisantes.

A un autre point de vue, cette mer serait pour les peuples du désert une barrière infranchissable, et pour notre flotte un abri autrement sûr que les ports d'Alger, de Bône et d'Oran.

VIII

Notes sur la Poésie.

La langue arabe est trop dissemblable de la nôtre pour que nous puissions apprécier toute la finesse de sa littérature. Tour à tour délicate et énergique, elle est bien faite pour exprimer les sentiments ardents des peuples de l'Afrique. Elle abonde en images frappantes et en pensées profondes, seules beautés que la traduction nous permette de saisir. Victor Hugo, dans ses *Orientales,* a su traduire en vers sonores les chants des poètes du désert. C'était bien le pays arabe qu'évoquait son esprit, quand il faisait chanter la *Captive :*

> J'aime de ces contrées
> Les doux parfums brûlants

Sur les vitres dorées
Les feuillages tremblants;
L'eau que la source épanche
Sous le palmier qui penche,
Et la cigogne blanche
Sur les minarets blancs.

N'est-ce pas encore la fièvre des bardes d'Orient qui verse la fureur dans son sang, quand il jette ce cri terrible de *Malédiction* :

Qu'il erre sans repos, courbé dès sa jeunesse,
En des sables sans borne où le soleil renaisse
Sitôt qu'il aura lui !
Comme un noir meurtrier qui fuit dans la nuit
[sombre,
S'il marche, que sans cesse il entende dans l'ombre
Un pas derrière lui !

« La poésie arabe, nous dit l'auteur des maouals suivants, est grande par la simplicité des sujets, l'ardeur de la passion, l'ampleur du paysage, la vérité des détails et la netteté du dessin. Elle a des espaces vides et des fonds lumineux, comme pendant la nuit, la voûte céleste que sépare de notre globe une atmosphère incolore pour aboutir à des étoiles. »

Elle ne se plaît à décrire que le chameau, ce compagnon assidu et cet ami fidèle du nomade ; mais à l'horizon, elle laisse entrevoir l'autruche inquiète, le loup aux flancs maigres, le lièvre effaré, l'aigle qui plane et le lion qui rugit. Ses sentiments s'harmonisent toujours à cette unité grandiose ; c'est d'abord cette perpétuelle élégie par laquelle débutent tous les inspirés, ces amours fugaces et douloureux qui ne sont éternels que par le souvenir ; car, dans la vie du désert, les amants ne font que se rencontrer un instant pour se quitter à jamais ; la halte du soir les rapproche, le départ du matin les sépare, et le poète n'emporte qu'une image pour ses yeux, qu'un aliment pour son cœur.

La strophe suivante, traduite de l'arabe, peint avec vérité et simplicité une de ces courtes entrevues dont le lendemain est une séparation douloureuse :

> Un jour, deux tribus en voyage
> Se rencontrèrent au désert ;
> On se fêta, selon l'usage,
> On fit des vœux à ciel ouvert ;

Mais deux yeux noirs perçant un voile
Atteignirent Djamil au cœur,
Et son œil perdit son étoile,
Son âme perdit son bonheur. (1)

Les pièces suivantes nous montrent avec quelle douceur d'expression les poètes arabes disent leurs amours :

Un parfum passe près de moi,
J'en ai le cœur tout en émoi ;
Yeux de pervenche, teint de rose,
Aspect de marguerite éclose,
Grâce, beauté, suave odeur,
Est-ce une femme ? Est-ce une fleur ?

Belle enfant sur laquelle Allah même accumule
  Ses dons les plus divers ;
Toi dont la fraîche joue est une renoncule
  Qui m'inspire ces vers ;
Toi, plus suave et plus pure que la rose champêtre
  Qui va s'épanouir,
Loué soit dans le ciel Celui qui t'a fait naître
  Pour me faire mourir.

Vois cette cavale à la croupe ronde.
Aux jarrets d'acier, aux pieds bondissants ;
Sa narine aspire au loin les autans,
Son galop voudrait traverser le monde ;

---

(1) J. David. — Orient.

L'écume blanchit sa bouche de flamme,
Son ardeur trahit son émotion.
Eh bien ! la cavale est ma passion,
Et le monde entier, pour moi, c'est ton âme !

———

Le khalife a mille provinces
Et des millions de guerriers ;
Le sultan commande à des princes
Et l'émir à des cavaliers ;
Le moindre marchand qui prospère
Accumule écus sur écus.
Dans mon apparente misère,
Je n'ai que toi, n'est-ce pas plus ?

IX

Notes sur les Religions.

Malgré les efforts des missionnaires chrétiens, la Tunisie est encore, et pour longtemps sans doute, sous l'influence de l'Islamisme.

Avant de définir le principe de cette puissante religion, citons le premier chapitre du Koran, appelé El-Sourat-el-Kaflyé :

« Louange à Dieu, maître de l'univers, le clément, le miséricordieux,
Souverain au jour du jugement,
C'est toi que nous adorons, c'est toi dont nous implorons l'assistance,
Dirige-nous dans le droit sentier,
Dans le sentier que tu as éclairé,

Et non dans celui de ceux qui ont encouru ta colère ni de ceux qui s'égarent. Amen. »

L'idée primordiale et principale de l'Islamisme, c'est l'idée théocratique. Pour le musulman, tout gouvernement doit être théocratique. D'ailleurs, les premiers souverains musulmans n'étaient ni rois, ni princes, ni chefs ; ils étaient prêtres et se nommaient eux-mêmes vicaires et pontifes du Prophète.

Cette théorie se confondait avec celle de l'*Imamat universel*, c'est-à-dire le gouvernement du monde par le khalifa du Prophète ; elle n'a pas cessé d'inspirer les peuples musulmans et est chez eux plus vivace que jamais.

C'est elle que l'on préconise dans tous les textes religieux des commentateurs du Koran, et l'un des catéchismes les plus répandus, celui de l'Iman Nedjem-ed-din-Nessafi, la résume de la sorte :

« Les musulmans doivent être gouvernés par un iman qui ait le droit et l'autorité de veiller à l'observation des préceptes de la loi,

de faire exécuter les peines légales,

de défendre les frontières,

de lever les armées,

de percevoir les dîmes fiscales,

de réprimer les rebelles et les brigands,

de célébrer la prière publique du vendredi et les fêtes du Baïrani,

de juger les citoyens,

de vider les différends qui s'élèvent entre les sujets,

d'admettre les preuves juridiques dans les causes litigieuses.

de marier les enfants mineurs des deux sexes qui manquent de tuteurs naturels,

de procéder au partage du butin légal. »

Cette théorie, qui est celle des docteurs musulmans, est bien dans l'esprit du koran qui dit : « Soyez soumis à Dieu, au Prophète et à celui d'entre vous qui exercera l'autorité suprême.»

La religion musulmane est essentiellement monothéiste. Elle repose sur la croyance aux trois livres révélés : la Bible, l'Evangile et le Koran. Elle se divise en deux castes : les *Sunnites* et les *Chiites*. Elle comprend en outre des sectes hérétiques, telles que les Ouahabites et les Mozabites.

Nous ne parlerons ici que des Sunnites qui forment la plus grande majorité des musulmans d'Afrique, lesquels contiennent dans leur sein quatre rites orthodoxes : le rite Malékite, le rite Hanefite, le rite Chafeite et le rite Hanebalite.

En Tunisie, le rite suivi est le Malékite ; le Bey suit le rite Hanéfite, presque exclusif aux ottomans et aux turcs.

On distingue dans le clergé musulman, le clergé officiel et le clergé indépendant. Le premier est chargé du service du culte dans les mosquées et de leur entretien ; le second se subdivise en deux catégories :

1° Les Marabouts, qui appartiennent à tous les rangs de la société ; quelques uns sont même des mendiants sans autre asile que le portique des mosquées. Le titre de marabout est cependant héréditaire et constitue une sorte de noblesse religieuse.

Le marabout habite la zaouia, laquelle abrite aussi les malheureux et les voyageurs.

2° Ceux qui font partie des confréries religieuses. Rappelons à ce sujet qu'aux premiers temps de l'Hégire quelques compagnons de Mahommet avaient institué une association libre ayant pour idéal le *Soufisme*.

Le soufisme est « la recherce, par l'exercice de la vie contemplative et les pratiques pieuses, d'un état de pureté morale et de spiritualisme assez parfait pour permettre à l'âme des rapports plus parfaits avec la Divinité. » (Rinn)

Cette première confrérie fut l'origine de toutes les autres. Il s'est fondé depuis le Prophète plus de quatre-vingt dix de ces confréries, qui toutes se sont rattachées au Prophète, afin d'affirmer leur orthodoxie, en dehors de laquelle elles n'auraient pas trouvé de prosélytes, dans cet Orient où Mahomet avait laissé des souvenirs si profonds et une renommée si retentissante.

Les principes fondamentaux de la religion du Prophète sont au nombre de cinq dont voici l'énoncé succint.

1° Craignez Dieu au plus profond de votre cœur et que cette crainte guide vos actions ; car elle est le principe de tout bien et tout bien est fondé sur elle. (C'est l'*Initium sapientiæ timor Domini* des chrétiens). Elle vous commande de vous méfier de vos passions qui, en vous entraînant vers l'abîme des iniquités, engendrent la haine, l'envie, l'orgueil, l'avarice et tous les vices qui ont leur siège dans le cœur.

Toutes les parties de votre corps, tout ce qui exprime vos passions sera dompté chez vous par la crainte de Dieu.

2° Conformez-vous à la *Sonna*, c'est-à-dire en toutes choses imitez mes actions, car celui qui s'y conformera me donnera des preuves de son amour, et celui qui y dérogera ne sera pas considéré comme musulman.

3° N'ayez pour les créatures ni amour ni haine ; ne préférez pas qui vous donne à qui ne vous donne pas. L'amour ou la haine détourne l'homme de ses devoirs envers la Divinité ; vous n'avez qu'un cœur, s'il est occupé par les choses terrestres, que restera-t-il pour Dieu ?

4' Contentez-vous de ce que le Créateur vous donne en partage ; ne vous affligez pas s'il vous prive d'une partie de vos richesses ou s'il vous accable de maux ; ne vous réjouissez pas, s'il augmente votre bien être ou s'il vous fait jouir d'une bonne santé.

5° Attribuez tout à Dieu, parce que tout vient de lui ; que votre résignation soit telle que si le Mal et le Bien étaient transformés en chevaux et qu'on vous les offrît pour monture, vous n'éprouviez aucune peine à vous élancer sur le premier venu, sans chercher quel est celui du Mal ou celui du Bien. Tous deux venant de Dieu, vous n'avez pas de choix à faire.

Tels sont les préceptes sur lesquels sont établies toutes les sectes ou confréries de l'Islamisme ; tous ont été rappelés par les fondateurs des sectes qui affirmaient ainsi leur soumission au Prophète et à sa loi.

Nous ne pouvons guère mettre en parallèle la religion du Prophète avec notre religion chrétienne, la première partant de la crainte et la seconde de l'amour de Dieu. Mais, on le voit, l'idée qu'on se fait généralement de l'Islamisme est assez fausse, et les théories qui ont fait naître ces confréries sont bien loin du matérialisme obscur sur lequel certain sesprits peu renseignés les croyaient basées. Mais l'ignorance de beaucoup de croyants, comprenant mal et ne pratiquant guère mieux, suffit à expliquer cette erreur.

Les chefs des ordres religieux sont généralement nommés *Khouans*, c'est-à-dire frères. Les affiliés sont nommés Derviches, Fakirs ou Kalenders, en raison des contrées qu'ils habitent. On ne saurait croire le prestige qu'exercent ces religieux sur le peuple et sur les princes. Le vieux *Derviche* des *Orientales* ne craint pas de dire à Ali :

Ombre du Padischah, qui de Dieu même est l'ombre,
    Tu n'es qu'un chien et qu'un maudit.

Et à ces mots, Ali qui

.... sous sa pelisse avait un cimeterre,
Un tromblon tout chargé s'ouvrant comme un cratère,
Trois longs pistolets, un poignard,

avec un sourire donna sa pelisse au vieillard.

Une des pratiques religieuses les plus usitées est la prière en commun, le *Dikr*. La prière est toujours très courte ; elle se borne quelquefois à un seul mot qui doit être répété plusieurs mille fois dans le jour et qui est compté par le khouan sur un chapelet.

Les khouns ont, pour se reconnaître entre eux, des signes particuliers, des façons de se vêtir, de se saluer, de prier, etc. Leur influence politique a souvent été l'égale de leur pouvoir religieux. Le rêve des musulmans, nous l'avons dit, est l'Imamat universel, et il nous faudra toujours plus compter sur cette force qu'anime l'esprit religieux, que sur toute autre.

Nous ne pouvons énumérer toutes les confréries nées de l'Islam et qui se sont répandues en Turquie et sur tous les points de l'Asie ; nous ne noterons que quelques unes d'entre elles, fixées dans le Nord de l'Afrique, et particulièrement en Tunisie. Elles ne diffèrent guère que par le Dikr, le costume et aussi par leurs sentiments à l'égard des chrétiens et des Européens.

Les *Madanyas* prient accroupis, les jambes croisées, les genoux relevés, les bras jetés autour des jambes, la tête baissée entre les genoux et les yeux fermés.

Le précédent bey de Tunis, S. A. Zadok, appartenait aux *Tidjanyas*, de même que la plupart des fonctionnaires de la Régence. Leur Dikr se compose de quatre sentences qui doivent être répétées chacune cent fois; leur chapelet, d'une forme particulière, en santal et en bois rouge, leur sert à compter les centaines.

Les *Rahmanyas* constituent une secte qui offre la particularité de posséder deux tombeaux de son fondateur Sidi-er-Rahman.

Les *Snoussyas*, la plus importante de toutes, menaçant de devenir plus puissante que l'Islam lui-même. Elle fut fondée en 1835 par un marabout, Si-Mohammed-ben-Ali-ben-ès-Snoussi, prétendant descendre du Prophète. Cet homme d'une prodigieuse intelligence, fonda d'abord une zaouia à El-Beïda, puis une autre dans l'oasis de Djer-Boub. Il sut s'entourer d'ardents disciples qui portèrent par toute l'Afrique ses nouveaux enseignements. Son tombeau, à Djer-Boub, est devenu un lieu de pèlerinage tellement fréquenté qu'on l'a appelé Mekka-el-Seghira, c'est-à-dire petite Mecque.

Il laissa sa succession à Cheikh-el-Mahdi, son fils, qui poursuivit avec un acharnement sans égal l'œuvre immense de son père, œuvre telle que l'Islam n'en vit jamais de pareille. Ce personnage s'entoure d'un appareil imposant et est l'objet d'une profonde vénération. Il dit posséder dans le dos la marque noire de Moïse, de Jésus-Christ et de Mahomet.

La politique et la religion s'enchevêtrent à chaque page dans les livres des Snoussyas. Leur but politique est la théocratie panislamique, c'est-à-dire que le chef ne doit être qu'un prêtre. Leur but religieux est de ramener l'Islam à sa pureté primitive, en le dégageant de toutes les superfétations dont il s'est accru depuis sa formation. Ils s'appuient sur le koran seul. Ils affectent de repousser toute violence ; ils veulent agir lentement, par la force persuasive des idées et des actes. Par une habileté subtile, ils ont cherché à ramener vers eux toutes les sectes étrangères, en déclarant que leur Eglise n'était incompatible avec aucune autre. Les khouans seuls appartenant à des congrégations dites *fermées* ont pu résister à cette absorption.

Ils prient les bras croisés sur la poitrine, le poignet gauche pris entre le pouce et l'index de la main droite. Leur puissance, très considérable, se fait sentir jusqu'en Chine. Le Cheickh réside dans la splendide zouia de Djer-Boub.

« C'est là, dit M. Marc Fournel, qu'il reçoit des renseignements de tous les points du monde musulman et qu'il dirige le grand mouvement panislamique. Des courriers montés sur des moharinhedjin, ces admirables chameaux du désert, avec lesquels on peut faire chaque jour plus de cent kilomètres pendant une semaine, sans les fatiguer, relient Djer-Boub à l'Egypte, à la Tripolitaine, à Benghasi, à l'extérieur de l'Afrique. Du Ouadaï, le cheikh El-Mahdi pourrait faire sortir en quelques semaines une armée dix fois plus forte que celle qui a écrasé les Anglais et les Egyptiens dans le Soudan, et on assure que ses zaouia renferment assez d'armes à tir rapide et de munitions pour constituer des forces redoutables capables de résister à une puissance européenne quelconque.»

Il nous sera toujours facile d'avoir en Tunisie un peuple de frères, lorsque nous respecterons, avant toute chose, leur croyance religieuse. Si nous agissons différemment, nous trouverons peut-être une soumission apparente, que l'occasion transformera en une rébellion d'autant plus vive qu'elle aura mis plus de temps à éclater.

À côté de ce tableau de la religion de Mahomet, nous signalons les efforts constants poursuivis depuis des années pour introduire en Afrique les bienfaits de la civilisation chrétienne. Un nom, un grand nom rayonne sur cette œuvre qui marche de front avec la campagne antiesclavagiste : J'ai nommé Monseigneur Lavigerie. Ce vaillant apôtre a fondé des institutions religieuses et humanitaires que seul un zèle ardent fait prospérer et que le Ciel soutient.

TABLE

I. — Aspect général. — Tunis. — La Khroumirie. — Villes principales. — Quelques monuments religieux 1
II. — Races. — Les Touaregs............ 16
III. — Historique. — Traité de paix. — Annexion et Protectorat. — Administration.................. 23
IV. — Causes de l'Expédition française. 37
V. — Les Oasis 45
VI. — Les Ruines principales. — Voies romaines 57
VII. — La Mer intérieure............... 67
VIII. — Notes sur la Poésie............... 71
IX. — Notes sur les Religions. 77

www.ingramcontent.com/pod-product-compliance
Lightning Source LLC
LaVergne TN
LVHW050620090426
835512LV00008B/1576